Marlis Kahlsdorf

EMMA UND MAX AUF OSTSEEKURS

BOYENS

Die kleine Möwe Emma hat Sommerferien und besucht ihren Onkel Werner, der mit seinem Wohnmobil an der Ostsee Urlaub macht.

„Ach, wäre das schön, wenn mein Freund Max auch hier wäre und das tolle Glücksburger Wasserschloss sehen könnte!", denkt Emma. Was er wohl gerade macht? Sie beschließt, ihn sofort anzurufen.

Max freut sich riesig über den Anruf, denn ohne seine Freunde langweilt er sich zu Hause schrecklich. Und so verabreden sich Emma und Max schließlich an Flensburgs schwimmendem Wahrzeichen, der „Alexandra".

Da Max Schiffe über alles liebt, ist er total begeistert von dem wunderschönen, alten Dampfschiff, als er in Flensburg ankommt.

Nach dem langen Flug braucht Max aber erstmal eine Bank zum Ausruhen. Doch dort sitzt ja schon ein richtig großer Kerl!

Er sieht aus wie ein Seemann, raucht Pfeife, rührt sich aber kein bisschen. Max kann sich gar nicht losreißen von der Figur, so fasziniert ist er.

Emma hat schon einiges über Flensburg gelesen und schlägt vor, die Phänomenta, die direkt am Nordertor liegt, zu besuchen.

Das ist ein ganz besonderes Museum über die Naturgesetze, in dem man viele Dinge selbst ausprobieren kann. Emma, die für ihr Leben gerne experimentiert, ist schon ganz aufgeregt.

Nach einem langen Tag in der Phänomenta sind Emma und Max erfüllt und müde von den vielen technischen Wundern. Die beiden fliegen zu Onkel Werner, der in seinem Wohnmobil schon auf sie wartet.

Begeistert erzählen sie ihm vom Weltraumtrainer, in dem sie gesessen haben und in alle Richtungen herumgedreht wurden, bis ihnen ganz schwindlig gewesen war.

Aber es gab natürlich noch viel mehr zu experimentieren. Besonders spannend fanden sie es, ganz ohne Leim und Klebe mit Holzklötzchen eine Brücke zu bauen, über die sie sogar laufen konnten!

Onkel Werner muss ihnen versprechen, irgendwann noch mal mit ihnen zusammen dorthin zu gehen.

Am nächsten Morgen wollen die beiden Freunde weiter und fliegen nach Kappeln an der Schlei. Emma träumt von leckeren Heringen, aber Max findet die große Klappbrücke viel reizvoller.

Ein wunderschöner Raddampfer passiert gerade die geöffnete Brücke, als sie darauf zufliegen. Emma interessiert sich allerdings mehr für die Heringszäune, mit denen seit dem Mittelalter in der Schlei Heringe gefischt werden.

Aber oh Schreck, als die beiden auf den Zäunen landen wollen, rutscht Max aus und fällt ins Wasser. Und er kann doch gar nicht schwimmen!

Schnell ziehen ihn Emma und ein Kormoran wieder heraus. Der schwarze Vogel zeigt Max, wie er sein Gefieder schnell trocknen kann. Mit weit ausgebreiteten Flügeln sitzt der unglückliche Max da und wartet darauf, dass der Wind seine Federn trocknet.

Emma ist ganz enttäuscht, als sie erfährt, dass es nur im Frühjahr leckeren Hering in der Schlei gibt. Als Mäxchens Gefieder wieder trocken ist, fliegen die Freunde weiter.

Auf einer Wiese finden sie ein schönes, sonniges Rastplätzchen. Doch plötzlich dampft und zischt es fürchterlich! Nach dem ersten Schrecken ist Max total begeistert. Es ist die Museumseisenbahn, mit der er unbedingt mitfahren will.

Emma und Max fliegen zurück nach Kappeln, um sich dort Fahrkarten für die historische Dampfeisenbahn zu kaufen.

„In diesem Zug sieht alles genauso aus wie früher!", erzählt Max seiner Freundin, während seine Fahrkarte kontrolliert wird. In Süderbrarup ist ihre nostalgische Bahnfahrt dann zu Ende, aber die beiden haben schon wieder etwas Neues vor.

Ein Hinweis auf einen Erlebnispark in der Nähe hat Emma und Max neugierig gemacht. Dorthin fliegen sie jetzt, und schon von weitem sehen sie das Zeichen der Tolk-Schau.

Sie holen sich ihre Eintrittskarten und ruhen sich erstmal aus. Doch es gibt dort so viel zu sehen, dass sie nicht lange am Eingang beim Drachen-Ei sitzen bleiben.

Nachdem sie das „Tal der Dinosaurier" mit unzähligen Dinos und riesigen Tieren aus der Urzeit bestaunt haben, toben sie vergnügt durch den Park und probieren die vielen Fahrgeschäfte aus.

Die große Sommerrodelbahn gefällt den beiden besonders gut. Immer wieder sausen sie hinunter. „Komisch!", denkt sich Emma da. „Was bekommt Max denn da angeboten?"

Die rote Kugel, die Max von einer Elster bekommen hat, sieht so richtig lecker aus. Er schiebt sie sich sofort in den Schnabel, bevor Emma ihn davor warnen kann, etwas zu essen, was er nicht kennt.

Seltsam, die Kugel wird weich und Max kaut ausgiebig darauf herum. Plötzlich kommt aus seinem Schnabel eine dünne rosa Blase, die immer größer wird, je mehr er pustet. O Mann, was ist denn das?

Ganz plötzlich gibt es einen Knall, und die komische Blase zerplatzt. Nun klebt die hellrosa Masse an seinem Schnabel, den er nicht mehr richtig öffnen kann. Was soll er denn jetzt bloß machen?

Die Elster schüttelt sich vor Lachen und gibt ihnen den Rat, doch einfach zum Landarzt zu fliegen, der wäre ganz in der Nähe und sehr berühmt.

Und tatsächlich, sie finden einen Hinweis zum Landarzt. Sie sehen ein sehr schönes Haus, finden dort aber nirgendwo eine Arztpraxis. Erst eine Spaziergängerin erklärt ihnen, dass es sich beim Landarzt um eine früher sehr bekannte Fernsehsendung handelt.

Max kann inzwischen kaum noch krächzen. Da erinnert sich Emma, dass Onkel Werner in Richtung Schleswig fahren wollte. Ob er helfen kann? Schnell machen sich die Freunde auf den Weg.

Max ist die Attraktion in der Vogelwelt vor dem Schleswiger Hafen. Alle bestaunen seinen verklebten Schnabel. Eine Graugans erzählt ihnen dann von einem Campingplatz in Haithabu, wo Onkel Werner vielleicht sein könnte.

Total erschöpft kommen die beiden Freunde in Haithabu an. Max ist so froh, als er von weitem das Wohnmobil sieht!

Emma und Max erzählen Onkel Werner die Geschichte von der seltsamen Kugel.
Inzwischen wird es dunkel, und in der Ferne hören sie schon den Donner grollen.
Als es anfängt zu regnen, flüchten sie schnell ins Wohnmobil.

„Das war eine Kaugummikugel", erklärt Onkel Werner lachend. Und er kennt tatsächlich einen Trick! Mit Erdnussbutter befreit er Mäxchens Schnabel von dem klebrigen Kram.

Währenddessen hat es sich Emma schon oben im Bett gemütlich gemacht. Beide sind sehr froh, bei Onkel Werner übernachten zu können, denn draußen blitzt, donnert und regnet es fürchterlich.

Am nächsten Tag scheint wieder die Sonne, als wäre nichts gewesen, und die drei besuchen das Wikingerdorf in Haithabu. Onkel Werner ist sehr erstaunt, was Emma und Max alles über die Wikinger wissen.

Dabei hat er extra noch ein Buch über die Wikinger für die beiden Freunde gekauft. Warum kennen sich die beiden bloß so gut aus?

Onkel Werner erzählt, dass es ganz in der Nähe am Schloss Gottorf einen riesigen Globus gibt, in den man sogar reingehen kann. Er steht in einem extra für ihn angefertigten Haus.

Emma und Max sind neugierig geworden und wollen sofort dorthin. Hinter einem Teich mit einer großen Statue sehen sie auch schon das Globushaus mit dem kugelförmigen Modell unserer Erde.

Vor dem großen Globus erzählt ihnen der Museumsführer allerlei über die große Weltkugel. Zum Beispiel, dass diese Riesenkugel einen Durchmesser von über drei Metern hat!

Als sich Emma und Max die aufgemalten Kontinente, Meere und Inseln anschauen, sehen sie auch die kleine Treppe, die zur Tür in den Globus führt. Wie es wohl da drinnen aussieht?

In der Erdkugel sind der nördliche Sternenhimmel und
die verschiedenen Tierkreiszeichen abgebildet.

Man sitzt auf einer Rundbank, und innerhalb von acht Minuten dreht sich der Globus so,
als würde man 24 Stunden von der Erde aus den Himmel sehen können. Emma und Max
sind ganz begeistert.

Nach diesem Abenteuer möchte Emma gerne wieder ans Meer. Und so fliegen die beiden weiter und sehen schon bald von weitem einen Leuchtturm und die Eckernförder Bucht.

Sie finden ein schönes Plätzchen am Strand mit einem großen Holzspielschiff, in dem sie prima übernachten können. Plötzlich erscheint ein niedliches Eichhörnchen und erzählt Emma, was es in Eckernförde alles zu sehen gibt.

Und tatsächlich, das Eichhörnchen hat nicht zuviel versprochen! Am nächsten Morgen schauen sich Emma und Max zuerst das Umwelt-Info-Zentrum (UIZ) an.

Auf einer großen Info-Tafel lesen sie, dass man dort viel mehr als nur Pflanzen entdecken kann. Es gibt sogar eine Eichhörnchen-Aufzuchtstation!

Mitten im Grünen treffen sie wieder ein Eichhörnchen. Es kennt sich richtig gut aus und kann Emma und Max viele Dinge aus der Naturkunde erklären.

So erfahren die Freunde, wie man eine Kräuterspirale anlegt und wozu ein Insektenhotel gut ist. In den vielen Öffnungen können die kleinen, nützlichen Tiere prima nisten und überwintern. Und sie erfahren, dass das Eichhörnchen das Maskottchen von Eckernförde ist!

Nach so viel Lernerei haben Emma und Max Lust, die Stadt zu entdecken. Mit einem Mal stehen sie vor einer Bonbonkocherei, in der man zugucken kann, wie die Bonbons hergestellt werden!

Max läuft das Wasser im Schnabel zusammen, als er all diese Leckereien sieht.
Aber der Bonbonkoch muss ihm versprechen, dass die roten Kugeln wirklich nur Bonbons
sind und keine klebrigen Kaugummis!

Nachdem sich die Freunde den Bauch mit Bonbons gefüllt haben, beschließen sie, weiter zu fliegen. Sie wollen sich an der Kieler Außenförde einen hohen Turm angucken.

Und so fliegen sie nach Laboe und stoßen auf den riesigen Backsteinturm und auf ein langes U-Boot, das davor an Land liegt.

Das 85 Meter hohe Marine-Ehrenmal ist eine Gedenkstätte für alle Seeleute, die ihr Leben auf dem Meer gelassen haben.

341 Treppenstufen führen zu einer Aussichtsplattform. Max freut sich, dass er fliegen kann und nicht mühsam nach oben kraxeln muss! Oben angekommen, entdeckt Emma unten ihren Onkel Werner, der gerade auf dem Weg zum U-Boot ist.

Nach einer langen Pause auf der Brüstung des Turmes wollen sich Emma und Max die vielen kleinen und großen Schiffe auf der Kieler Förde genauer angucken.

Als sie den Hafen ansteuern, ist die Überraschung riesengroß, denn auf einem Ausflugschiff steht Onkel Werner und winkt ihnen zu.

Die beiden Freunde landen dort und genießen die tolle Fahrt durch den Hafen. Ganz nah kommen sie an riesigen Schiffen vorbei.

Plötzlich aber platscht es auf Mäxchens Kopf! Eine ordentliche Portion Möwenschiet hat seine schönen schwarzen Federn bekleckst. Max ist richtig sauer!

Zum Glück eilt Onkel Werner schnell zu Hilfe. Mit dem Wasser aus seiner Trinkflasche spült er den Dreck weg.

Emma ruft lachend „Jetzt weiß ich endlich, was ein Unglücksrabe ist!". Der kleine Rabe guckt ganz bekümmert. „Obwohl, eigentlich soll es ja Glück bringen, wenn einem Vogelschiet auf den Kopf fällt!"

Als das Schiff schließlich in Kiel am Bahnhof festmacht, sind die Freunde verdutzt. In Kiel kann man also vom Schiff direkt in den Zug einsteigen und umgekehrt.

„Und wir beide", meint Max, „können von hier auch noch wegfliegen!". Und genau das machen sie jetzt auch. Emma will unbedingt das große Freilichtmuseum Molfsee ganz in der Nähe von Kiel besuchen. Sie verabschieden sich von Onkel Werner.

Nach kurzem Flug erreichen die Freunde das imposante Eingangstor des Freilichtmuseums. „Weißt du, dass es hier über 70 historische Gebäude gibt?", fragt Emma.

„Hier kann man richtig nacherleben, wie die Leute früher gelebt und gearbeitet haben. Und zum Essen finden wir da bestimmt auch noch etwas Leckeres!" Es wird schon dunkel, und die beiden suchen sich einen Schlafplatz.

Am nächsten Morgen trauen sie ihren Augen kaum, als plötzlich Onkel Werner wieder vor ihnen steht! Schon wieder laufen sie sich über den Weg – ob das wirklich Zufall ist?

Zu dritt verbringen sie einen tollen Tag im Freilichtmuseum und merken dabei kaum, wie schnell die Zeit vergeht.

Schließlich sitzen sie noch gemeinsam auf dem Dachfirst eines Reetdachhauses und bestaunen eine schöne alte Windmühle.

Onkel Werner verwöhnt Emma und Max mit Bonbons, und die Freunde denken an ihre vielen Abenteuer in Schleswig Holstein zurück. „Ach, eigentlich sollte das alles mal jemand aufschreiben!", meint Max.

Diese spannenden Abenteuer von Emma und Max sind in unserem Verlag erschienen:

ISBN 978-3-8042-1092-9

ISBN 978-3-8042-1211-4

ISBN 978-3-8042-1410-1